這是
在我第一天修讀社工
課程時聽的一個故事：

剛好你在現場……

危險啊啊!!!

又剛好在你面前出現了控制左右路軌通行的控制台,你可以選擇火車往哪兒走……

正軌　荒廢×

你會選擇駛向在荒廢軌道上玩耍的小孩……

還是幾個在通行軌道上玩耍的小孩呢?

正式成為社工後常常想起這個故事，後來才明白講師說火車故事的原因……

目錄

人物介紹

你們好——
我是小婉婉♥
現在是註冊社工!
其他「cosplay」的身份有……

吃貨婉
喜歡到處
吃東西~

宅宅婉
喜歡打電動,
平常也喜歡躲
在家中~

玩樂婉
對新奇事物
十分有興趣~

動物婉
曾想成為動物治
療師的我,喜歡
毛茸茸的感覺~

Chapter 1 | 找一份適合自己的「社工」

故事由我成為了「P牌實習社工」説起……

經過幾年時間的「造紙工作*」

米 註：當實習社工時印製大量功課
稱為「造紙工作」.

＊註：開組指開辦各小組活動，例如培養個人興趣的烹飪小組、提升自信心的訓練小組等。

＊註：阿sa，意指Supervisor，取最後音節。

這是我冒著下輩子
當樹精的危險
而得到～

那你找工作時有特別留意上司的類型嗎？

也會啊！我會留意上司取向。

上司取向主要有以下兩種～

積極鼓勵員工型

這類型的上司

給人的感覺充滿活力，而且亦很樂於助人，給予新人很多建議！

嗨~

應該很多人喜歡吧~♪

很累……

工作上會令人很累~

感覺我又成長了一些~

但會有滿足感！

一個團隊入面，有一位肯與自己下屬一起完成工作的上司，是很幸福的事~

平淡是福型

當然~
並不是所有上司都非常進取，
有時平淡就是福~
有些服務以程序為重，
也會遇見這一類。

員工熟悉程序後便較輕鬆！

又一天了！

當然員工歸屬感較低~

我要求跟程序做事！

「程序」就是上司取向，
沒有遇上麻煩事就是好事。

如果只求做好本分
的話，這類機構的文
化該是不錯的選擇~

面試，就是終極一關……

這種感覺!? 快要跑出來了！

還有……很冷!!

你可以說說以前的工作內容如何應用在這裏？

以前工作都要協助辦活動，所以都比較了解他們的情況……

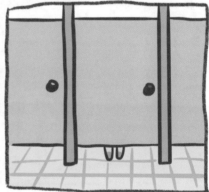

可以説一説你建議什麼活動嗎?

緊張……
緊張……

對於服務上……我認為小朋友需要更多機會發揮創意,例如舉辦社區時裝展那些……

啪!!!

Chapter 2 ｜ 社工不是萬能

在正式上班時,先了解一下:

前輩~你認為剛做社工要留意哪些呢?

我覺得是要做一個專業的社工。

即是如何呀!

因為別人對社工的要求和期望比較高,所以我們有時要強撐!

譬如解決能力

領導能力

唔……

越來越多食物的名稱了～

有些名稱比較難讀～

好複雜的名字……怎樣讀？

←搜尋中

或者是別名重複……

他叫香蕉

他也叫香蕉

姑娘～我又來報名啦!

幸好～有些會員因為常來而記得。

←常常在中心的會員

社工不是萬能

面對困難的時候勇敢討論吧！

曾經，社工給我的印象都是有能力獨立解決所有問題的工作，因為在每次有意外和特別事情時，有些人總是回應：「你是社工來！你不解決誰能解決？」久而久之，令自己潛移默化地子想讓別人覺得自己解決子到，但是幸好也有社工跟我說：「我們都是普通人，有困難時可以拿出來討論呵呵！」

原來，肯面對自己有缺點，也是社工需要學習的一課～

Chapter 3 ｜服務使用者與社工的距離

話雖如此，不過都要試下向同事了解……

午膳時

阿湯，想問一下你覺得會員容易相處嗎？

還可以啊！不過我初來的時候覺得他們很難相處！

紅婆婆總是有很多要求。

陳先生也常常問中心的事情。

還有其他會員也是，後來才改善。

團體發展模式

根據Bruce-Tuckman(1977)歸納的五階段團體發展模式,團體會經過這五種變化:

Bruce Tuckman (1938~2016)是美國心理學研究者,對群體動力學進行研究,在1965及1977年發表了「塔克曼的小組發展階段」。

1.形成其月(Forming)

4.表現其月(Performing)

2. 風暴期 (Storming)

衝突的開始……

3. 規範期 (Norming)

開始互相合作,彼此尊重。

5. 散會期 (Adjourning)

填問卷!

團隊結束

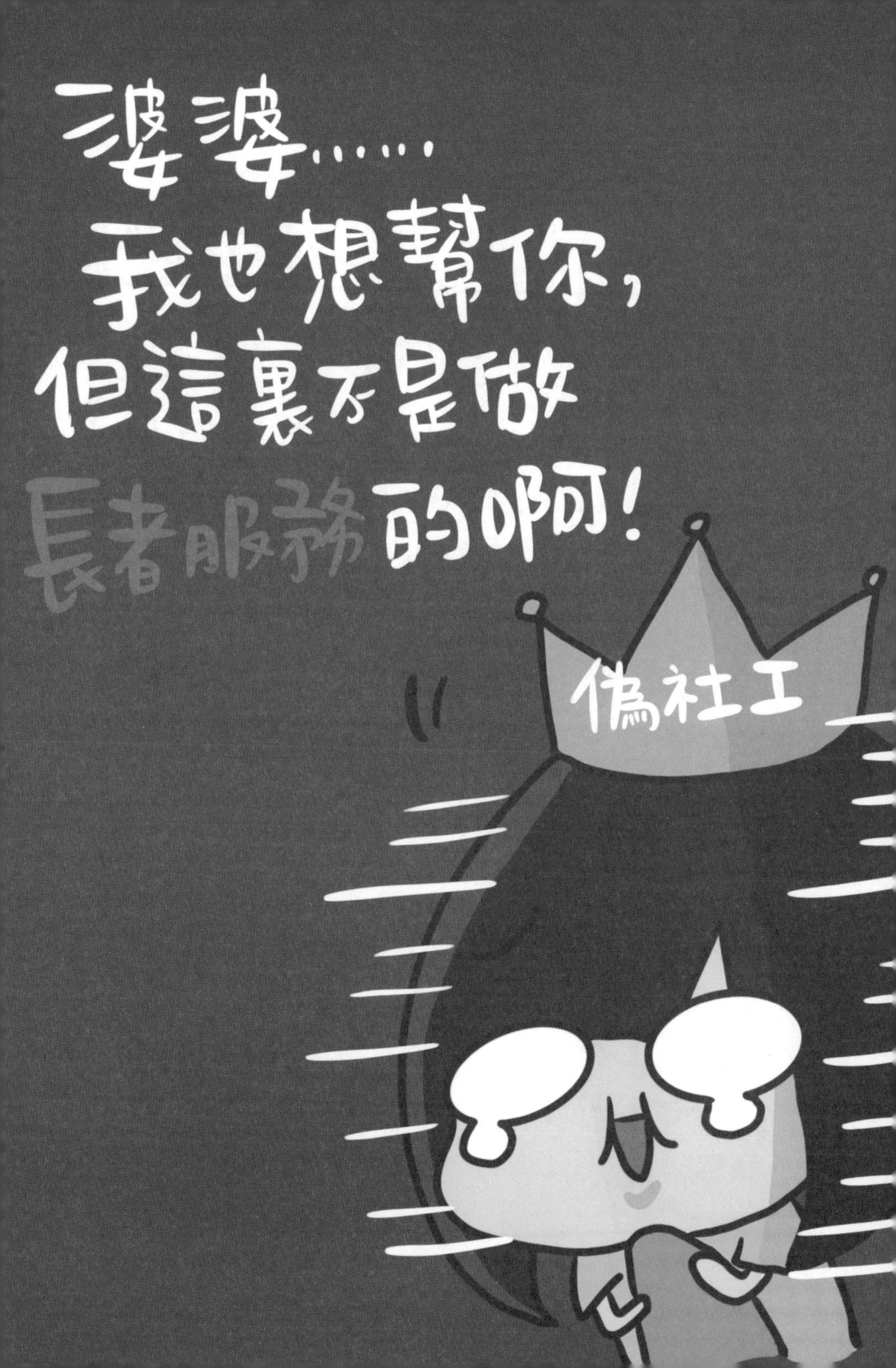
婆婆……
我也想幫你，
但這裏不是做
長者服務的啊！
偽社工

一提起,我就氣了!!

那你有煩惱嗎?

住我隔壁那位李師奶!

小孩也照顧不好!

她那個媳婦真是不懂禮貌!平常也不做家務!

新年我也不發紅包!

還有樓下3樓那個張師奶!

兒子都不小了,還沒有結婚!

然後說了15分鐘……
30分鐘……一小時……

好痛啊!!!

跟服務使用者開始
熟時,他們有時會
找我談論別人是非……

師父,不要唸了!!!

服務使用者與社工的距離
保持適當距離！

隨着關係愈來愈好，也很容易產生另一個問題——關係太好。關係太好的問題就是對方將情感投放在社工身上，開始依賴關係，從而預設了社工可以擔任任何角色的情況。所以，保持適當的距離亦有必要，一來避免對方誤會，二來亦在工作上較能公正處理，有一些較好的服務使用者會諒解社工的工作，但有些真的會超越界線呢！

不過在這方面，我自己也需要學懂拒絕，始終對我來說需要更多的經驗~

Chapter 4 | 外出活動的辛酸

社工,「功能」涵蓋多個範疇

領隊
帶領參加者參加活動

帶相機
幫參加者拍照

帶急救物資
需要時用

帶活動計畫書
由自己安排細節

經過一輪長時間「鼓勵」而參加的參加者

除了這個方法外，還有……
招式一：以本傷人法
利用機構的影印機印製大量海報，之後去所有班組派發。

優點
• 節省活動支出又可以無限輸出活動宣傳海報，真正以本傷人大法
• 而突擊班組更有機會招募新參加者

缺點
• 浪費地球資源
• 行動要夠快且不能被發現！不適用於需登入且限制影印數量的機構
• 參加者五花八門
• 需要很多時間

招式二：(海)報海戰術

大量重複張貼海報,把其他同事的活動海報都遮蓋起來。

優點
· 大量海報令路人更易留意到活動,加強宣傳效果
· 減少其他海報宣傳,使人因少了選擇提开報名機會

缺點
· 會成為機構眾矢之的
· 只限經常在服務單位出沒的人看到

招式三：反客為主
直接打電話給曾經參與過類似活動的參加者。

優點
- 即時知道參加唔啱反應
- 直接介紹可以有更多講解嘅機會
- 加深參加者對工作員的印象

缺點
- 會以為是推銷電話而不接，因為香港人生活很忙，未必有空聽講解
- 背景通常夾雜很多聲音，例如小孩吵鬧聲，使氣氛十分尷尬
- 人手不足，浪費時間

舉辦活動的辛酸

參加者對活動的衡量

我想,十位社工中,有九位都經歷過痛苦的小組計劃過程,幾經辛苦安排得十分周到時,卻被參加者爽約。部分參加者會告知後來安排其他活動來不了,但更多的,絕對連人影都找不到……而在經過統計上,活動收費越便宜,通常凶多吉少~明白沒出席對參加者來說,並沒有很大的影響,但對於我們來說,計劃固然花了時間和心思,但背後最令我們生氣的,是因此而浪費了寶貴的資源──!也令一些想參與的人不能報名!

希望大家好好珍惜現在所擁有的,報名的也請出席!!!

Chapter 5 | 最大的煩惱是人際關係

就這樣，
我要兌現承諾。

面見室

結果，因為媽媽的態度強硬，

所以也沒有深入再談這個話題……

對於他來說，這裏是他的安全所，令他每日都放心過來。

或者可以處理一下時間表的密度！

我想讓他有更多空間！

這個方法也可以試啊——但是你要看看他媽媽的取向。

嘗試發揮橋樑的角色！

好的！

順帶一提——

加油！

你與案主建立關係也做得很好——

媽媽你覺得他最投入的事會是什麼呢？

當然是玩啦！

對！而且，他更投入的是有人陪伴他一齊玩！

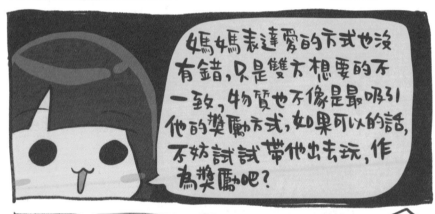

媽媽表達愛的方式也沒有錯，只是雙方想要的不一致，物質也不像是最吸引他的獎勵方式，如果可以的話，不妨試試帶他出去玩，作為獎勵吧？

我覺得……自己不是好母親。

說真的，我真的很多年
沒有陪他出去玩了……
一直以為只要我努力
賺錢買他喜歡的東西，
他便能感受我的愛……

他感受到的！

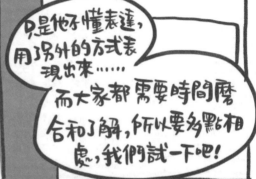

只是他不懂表達，
用了另外的方式表
現出來……
而大家都需要時間磨
合和了解，所以要多點相
處，我們試一下吧！

對方不懂表達，
就讓我們踏出第一步吧！

物質可以取代，媽媽就只有你一個啊！
就這樣，
我便與媽媽商討時間安排，給小朋友有更多的自由時間。
同時，由物質獎勵轉為陪伴。
而案主的成績漸有進步！
50
40
20

最大的煩惱是人際關係

解決問題需要大家合作！

很多人以為社工做個案必然很厲害，或是所有問題都可以解決，其實對我來說，真正可以解決問題的並不是社工，而是案主自己的努力。

我們的角色只是一位在勞拋救生圈的人，但是最後的決定權都是視乎案主願不願意提起那個救生圈。因此，幫人的成功感很大，看到轉變也有莫名的感動，但社工亦會遇到不願意合作的個案，失望的感覺固然有，唯有嘆一口氣，

再繼續嘗試。人生總有很多無奈，社會大系統局限了我們，未能盡如人意，只求學習在局限的環境下做自己可以做的事，不能改變的，唯有改變心態去面對。因此，面對個案，盡力就夠了，真的不必自責～

Chapter 6 ｜社工們，我們不要放棄！

每次當見到案主有微小進步時，就更加不想放棄，想與他們一起

堅持下去!!!

疫情下的我們……

很悶啊！
已經做完未來
一年的活動文件了！

何時才可以復工?!

「兩盒, THX!」

太好了！
經過我半個
月的努力，終於
買到足夠的口
罩了！

但是你根本
不需要用口罩
吧！

各位同事，請於5分鐘後開會。

3:17

線上會議

很久沒見了各位……

由於疫情都持續一段時間，一直這樣下去不是辦法……所以我們也要考慮服務使用者的精神健康……

我也參考了不同機構的做法，所以……

我們不如試試拍影片作小組！

雖然都知道那不是我們擅長的事，所以也辛苦大家了……

那我們可以拍什麼？

暫時也未想到，所以想請各位幫忙想想並製作短片給會員……

會議後……

拍影片……我不懂啊！太難了！

拍什麼好呢？

159

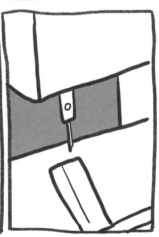

就這樣，即使過了一波又一波的疫情，社福界各出奇謀，讓這個原本停滯的行業得以繼續。

並將大家的距離拉回來！

一年後

早晨！

現在經濟狀況好很多了——！幸好有你之前的轉介，解決了我的問題！

太好了——！有長者服務跟進！

疫情下的我們……

一份對人的行業，由面對面的工作轉為用科技取代，我一輩子都未想過。雖然在疫境中改變了工作既定的模式，但是從另一角度看，亦令這個行業有轉變和嘗試，因為不斷改變的政策下，亦使我學懂了臨場反應。在疫情下，無論在家工作的同工，還是用生命走在最前線的每一位，都比大家想像中更加辛苦，而這種辛苦是不可以用三言兩語表達得到的，感謝打行外各位的體諒，讓我們能一直撐下去！疫情至今仍未完結，在短短的兩年已造成社會嚴重傷害，相信各前線在協助「救火」的同時，也請好好保重身體！祈求香港平安！！

但是在這行業中,往往有不少社工因為抵受不住抉擇的壓力而責備自己。

要明白世界上很多事情都不會兩全其美,服務對象感受到我們有用心便已很好。

所以,也請各位同工,在照顧別人時亦好好照顧自己,關注個人的精神健康!

所以……

面對事情的無力感，
我們無辦法完全避免，
但只要堅守信念，問心無愧，
已經足夠了——

社工們，我們不要放棄！

各方好友的訪問

*詳情可看社會福利署網頁的
「非政府機構一般職位之薪級表」！